VOYAGE A LA BASTILLE,

FAIT LE 16 JUILLET 1789,

Et adreſſé à Madame DE G.., *à Bagnols, en Languedoc;*

Par MICHEL DE CUBIERES, Citoyen & Soldat.

Chaque jour, chaque année amènent de nouvelles idées, & font découvrir des vérités long-temps inconnues.

M. NECKER, *Diſcours d'ouverture aux Etats-Généraux.*

A PARIS,

Chez GARNERY, & VOLLAND Libraire, quai des Auguſtins.

═══════════════

1789.

AVERTISSEMENT.

Il n'y a pas un fait qui ne foit exactement vrai dans l'Ouvrage qu'on va lire. On lui a donné la forme d'un Voyage, parce qu'une fimple narration eft quelquefois feche & froide, & l'on n'y a répandu quelques vers & quelques plaifanteries que pour le rendre moins ennuyeux. Tous les Perfonnages qu'on y fait parler, ont tenu à peu près le même langage.

VOYAGE
A LA BASTILLE,

FAIT LE 16 JUILLET 1789.

On démolissoit la Bastille par l'ordre de MM. les Electeurs de Paris. J'étois, en ce moment, dans la rue de Tournon, chez Madame la Comtesse de B......, femme charmante dont vous avez lu les Ouvrages, femme qui réunit la beauté aux qualités du cœur, femme enfin dont vous êtes digne d'entendre l'éloge, parce que vous êtes sa rivale, & que vous ne l'enviez pas. Madame de B...... a toujours été bonne Patriote & Citoyenne courageuse. Si le Ciel ne l'eût point destinée à nous enchanter par les graces de sa figure & le piquant de son esprit, si elle eût vu le jour dans ces anciennes Républiques où votre sexe partageoit avec le nôtre les dangers du combat & les honneurs

de la victoire, la Muse, n'en doutez pas, eût
été une Amazone, & les flèches lancées par
ses jolies mains, eussent fait autant de mal que
ses yeux. Vous savez, lui dis-je, Madame,
qu'avant-hier on a pris la Bastille d'assaut, &
qu'aujourd'hui on *démantibule* la place, qu'on
la démolit, & qu'on ne veut pas y laisser pierre
sur pierre. Je n'ai pas eu le bonheur d'assister
à ce siege mémorable : je n'ai pas eu celui d'y
contribuer. Permettez-vous que du moins j'aille
voir renverser ce colosse infernal, & que je sois
témoin de sa destruction entiere ? Allez, me
dit-elle, avec regret : je voudrois bien vous y
suivre ; mais on ne laisse point passer les voi-
tures, & je suis obligée de rester chez moi
quand toute la Ville est sur pied, & lorsque chaque
Citoyen prépare à l'envi le grand œuvre de la
régénération nationale. Je partis, à ces mots,
seul & à pied. Je ne marchai point ; je volai,
& transporté en moins d'une demi-heure devant le tyrannique Château, jugez, ma chere
tante, quelle fut ma joie, lorsque levant les
yeux avec empressement, je ne vis plus sur la
plate-forme de l'édifice ces formidables tubes
d'airain que trois jours avant j'y avois remar-
qués avec effroi, & qui, braqués sur les pas-
sants, menaçoient de vomir la mort au moin

dre signal de la vengeance. Jugez comme ma joie augmenta, lorsque je vis quelques creneaux déjà désassemblés, & que l'air m'apporta la poussiere des parapets déjà frappés du marteau. Mais avant d'arriver, un Voyageur raconte pour l'ordinaire ce qu'il a rencontré sur sa route, & je dois être fidele à l'exemple que m'ont donné mes devanciers.

Vous avez vu Paris, ma très-aimable Tante,
 Vous sçavez que, dans ce séjour,
Jusques à ce moment, légere, pétulante,
La Nation Françoise a dansé, fait l'amour,
 Et par fois sifflé les Quarante.
Vous avez vu sur nos remparts,
 Depuis peu nommés Boulevarts,
Et bravement gardés par des Marionnettes;
Vous avez vu l'essaim de nos jeunes Grisettes,
Suivant du petit Dieu les flottants étendarts,
Courir en caraco, folâtrer en cornettes,
Et les yeux éblouis de l'éclat des beaux Arts
Qui vont accumulant merveille sur merveille :
Vous n'aviez en ces lieux admiré les Césars
 Que sur la Scene de Corneille.
Eh bien ! tout est changé : ce Paris autrefois,
Des talents, des plaisirs le mémorable asyle
 Où vivoit un Peuple tranquille
 Sous l'abri paisible des Loix;
. Ce Paris maintenant tel que Lacédémone,

Quand l'Ephore y tenoit Conseil,
D'un camp présente l'appareil,
Et semble gouverné par l'altiere Bellone.
Sur le Pont d'Henri IV, où l'on voyoit jadis
Ainsi que sur la molle arene,
Rapidement rouler de chars à la douzaine,
Traînés par des chevaux hardis,
Quel spectacle à présent s'offre aux regards surpris ?
Auprès d'une longue machine
Qui pourroit vous tuer, fussiez-vous à la Chine,
Sur des tas de boulets, des Canonniers assis
Au lieu du tendre essaim des amours & des ris,
Des Grenadiers l'un l'autre excitant leur courage,
Et les instruments du carnage
Au lieu de pompons de Cypris.
Dans le Temple de la Chicane,
Avocats, Procureurs alloient dès le matin
Plaider le pauvre genre humain,
Et tonnoient, par la sarbacane
De Cujas & de Dumoulin ;
Le front paré d'une cocarde,
Chargés d'une giberne & d'un grand havresac,
Les Procureurs montent la Garde,
Et leurs Clercs couchent au bivouac.
Messieurs les Avocats, dont le rare génie
Par leurs Clients est à bon droit vanté,
Défendent à leur tour d'une voix aguerrie,
Le grand procès de la Patrie
Et celui de la liberté.
En proie à de justes allarmes,
Tout Paris, en un mot, vient de prendre les armes :

On ne voit que fufils, fabres & moufquetons;
 Les Néréides, les Tritons,
Qui s'égayoient enfemble aux rives de la Seine,
 A l'afpect des fiers bataillons
 De la Milice Parifienne,
 Avec les tremblants carpillons
Ont fui fous les piliers de la Samaritaine.

Savez vous, ma chere tante, de quelle efpece de Soldats font compofés ces fiers bataillons? Ce font de braves Bourgeois qui fe raffemblent d'abord dans les Eglifes de la Capitale, nommées *Diftricts* depuis ce moment, & qui marchent enfuite en patrouilles, précédés quelquefois d'un ou deux Religieux portant au milieu de leur capuchon une belle cocarde patriotique. Dans l'une de ces patrouilles je reconnus mon Tailleur, mon Perruquier dans l'autre: celle-ci m'offrit le vifage de mon Boulanger; mon Cordonnier m'apparut dans la fuivante; je ne remarquai mon Confeffeur dans aucune, par une raifon que vous devinerez. Les Eglifes au refte étant nuit & jour occupées par les généreux défenfeurs de nos libertés, & les Théâtres étant fermés depuis le renvoi d'un Miniftre qu'on adore, il n'y a plus à Paris ni Meffe, ni Comédie. Ces Bourgeois Fantaffins manquent un peu de grace, à la vérité, quand

A 4

il s'agit de *préfenter les armes*, de faire *demi-tour à droite*, *demi-tour à gauche*, &c. Mais ne croyez pas qu'ils manquent de courage. Les Parifiens, du temps de la Ligue, étoient fanatiques & emportés; légers & railleurs, du temps de la fronde. Les Parifiens de nos jours font fermes dans leurs réfolutions, calmes au milieu des dangers & modeftes au fein de la victoire; & quel autre caractere pourroient-ils déployer? C'eft M. le Marquis de la Fayette qui les commande; ce jeune & fage la Fayette, dont le nom brillera à jamais dans l'Hiftoire de deux révolutions immortelles, nées l'une & l'autre du faint amour de la liberté. Mais revenons à la Baftille que j'ai quittée un peu brufquement, & à laquelle il eft bien temps de vous ramener.

Elle étoit gardée, lorfque j'y arrivai, par ces Patrouilles Bourgeoifes mêlées d'un grand nombre de curieux, & de plufieurs perfonnes du Peuple : je demandai à y entrer : on me répondit que je ne le pouvois pas, à moins de préfenter une permiffion de MM. les Electeurs : je n'en avois pas, & voyant qu'il étoit inutile d'infifter, je retournois triftement fur mes pas, lorfque je rencontrai, prefque vis-à-vis le Monaftere des Dames de Sainte Marie, deux Abbés que j'eſtime fort, parce qu'ils ſont l'un & l'autre bons Citoyens & Ecrivains diſtingués : c'étoient MM. les Abbés Brizard & de Cournand ; celui-ci, Profeſſeur au College Royal, a donné un Poëme Didactique ſur les *Styles*, où l'on trouve le ſtyle didactique, & il venoit de publier un Poëme ſur l'*amour de la liberté*, qui a fait dire avec juſte raiſon que l'Auteur étoit plein de ſon ſujet. L'autre a compoſé un éloge de l'Abbé de Mably, qui a remporté le Prix (1) à l'Académie des Inſcriptions. Il étoit déjà connu par un bon Ouvrage Hiſtorique, intitulé : *de l'Amour de Henri IV pour les Lettres*, dont tout le monde aime l'Auteur, & ce qui met, en ce moment, le comble à ſa gloire ; il a été l'Éditeur des *Droits de l'Homme & du Citoyen*, production énergique de ce même Abbé dont il a célébré les talens, & qui n'a peut-être pas moins influé que le *Contrat ſocial*, ſur la révolution préſente.

 Ces deux Abbés, peu reſſemblants
A certains preſtolets qu'on rencontre à Verſailles,
Etoient par leurs vertus comme par leurs talents,
Dignes de renverſer les antiques murailles
  Du plus affreux des monuments ;
  Que dis-je ? par la noble audace

Qui respire dans leurs écrits,
Plus sûrement qu'au Paradis
Ils avoient mérité d'occuper une place
Dans ce despotique taudis
Où tant de Citoyens proscrits
Par nos modernes Phalaris,
N'ont pour société que la triste présence
Des guichetiers & des souris,
Et n'embrassent qu'en espérance
Les Parisiennes houris.

Voilà donc les Gens de Lettres sans logement dans Paris, dit le Professeur Royal en plaisantant : la Bastille va être démolie. J'aurois bien voulu m'y promener durant quelques heures, avant qu'elle soit entiérement détruite, & visiter les chambres qu'y ont occupé Voltaire, Diderot, Crébillon fils, MM. Marmontel, d'Arnaud, Bret, &c. La Bastille fut de tout temps l'Hôtel des Gens de Lettres & des grands Seigneurs, & le Roi ne louera plus en chambre garnie ; quel dommage ! Cette saillie nous fit sourire : la tristesse nous reprit cependant, lorsque nous vîmes qu'il étoit impossible de satisfaire notre curiosité, & sans M. Dufaulx qui heureusement vint à notre secours, nous aurions fini par nous désoler.

Or maintenant, ma chere tante,
Vous voulez sçavoir en deux mots
 Quel est ce Monsieur Dusaulx
 Qui vint remplir notre attente.

Voici son portrait en raccourci, car je suis pour les miniatures.

Peignez-vous un Mortel de la plus rare espece,
Alliant la franchise avec la politesse ;
 Grand ami de la liberté,
 Implacable ennemi du vice,
Et s'égayant par fois avec malice
Sur les travers de la société ;
Mélange intéressant de fermeté, de grace,
Et suivant la vertu d'un pas toujours égal :
 Il a l'urbanité d'Horace
 Et la vigueur de Juvénal.

Ne croyez pas, ma chere tante, que Juvénal vienne ici pour la rime. Sachez que M. Dusaulx a donné au Public une fort bonne traduction de Juvénal : sachez qu'il aime cet Auteur à la folie, & qu'à ce titre il devoit entrer pour quelque chose dans la destruction des tyrans & la démolition de la Bastille : sachez de plus que M. Dusaulx est un des Electeurs de la ville de Paris, & qu'elle l'avoit chargé de venir s'emparer de tous les manuscrits & livres imprimés qui étoient renfermés dans ce cachot de la pensée. M. Cailleau, M. de Gorneaux & plusieurs autres Electeurs dont je ne sçais point les noms, accompagnoient le pacifique Général, & tous ces Messieurs, escortés d'un nombreux détachement de la Milice Bourgeoise, sembloient s'avancer en triomphateurs à la prise de possession d'un Empire. Voilà M. Dusaulx, m'écriai-je, en le voyant passer : il pourra peut-être nous faire entrer à la Bastille Oui, oui, repliqua-t-il vivement; vous êtes tous trois Gens de Lettres, Messieurs; de braves Soldats ont fait leur devoir : c'est à nous à faire le nôtre. A ces mots, nous rebroussâmes chemin, MM. Brizard, de Cournand & moi, & nous nous retrouvâmes promptement à la porte de la citadelle, sous les ailes protectrices du Traducteur de Juvénal : il tira de sa poche l'ordre qu'il tenoit du Comité Municipal; toutes les grilles s'ouvrirent à cette vue, & notre conducteur voulant nous favoriser, nous fit entrer les premiers; que dis-je ? il avoit l'air de compter ses protégés, comme un pasteur vigilant qui fait le dénombrement de son troupeau à mesure qu'il pénetre dans l'étable champêtre, & de beaux esprits de la Capitale ressembloient un moment à des moutons.

Vous peindrai-je à présent l'effroi
Que m'inspirerent ces murailles,
Où, par un bel ordre du Roi,
Parti le matin de Versailles,
Ainsi que des oiseaux malignement jaseurs,
On encageoit, le soir, des sages, des penseurs ?
Vous peindrai-je ces tours antiques, surannées,
Dont le sommet audacieux
N'a point encor fléchi sous le poids des années,
Et qui semblent braver les Cieux ?
Peindrai-je ces fossés, redoutables abîmes,
Où croit un sinistre gazon,
Interprete menteur de l'aimable saison,
Qui n'a jamais fleuri pour les pâles victimes
Qu'enferma pour jamais la royale prison ?
Ces chaînes, instruments funebres,
Des Satellites, des Bourreaux,
Et sur-tout ces triples barreaux,
Qui croisés l'un sur l'autre, au fond des noirs cachots,
Transforment la lumiere en horribles ténebres ?
Non, non, n'attendez pas que ces affreux tableaux
Teignent de leurs couleurs mes volages pinceaux,
Qu'un jour doux se mêle à l'ombre,
Qui pourroit nous effrayer.
Plus un sujet est sombre,
Plus il faut l'égayer.

A peine entrés dans la troisieme cour, nous y rencontrâmes M. le Comte de Mirabeau qui venoit d'y conduire une jolie femme, apparemment pour lui montrer son ancien logement,

& nous crûmes voir une belle fleur au milieu d'un buisson d'épines. La vérité est que M. de Mirabeau avoit aussi un ordre, nous dit-on, pour venir faire sa moisson de manuscrits, & je ne doute pas qu'il n'en ait remporté plusieurs (2) de très-curieux, qu'il préfere sûrement à ses titres de noblesse. J'aurois bien voulu en ramasser à mon tour ; mais je n'avois ni permission, ni ordre, & ce souvenir réprima ma tentation.

Appercevant toutefois à mes pieds une lettre que je pouvois lire en me baissant, j'y appliquai mes yeux d'aussi près qu'il me fut possible : elle étoit courte : je l'ai retenue facilement, & en voici le contenu.

« Je vous envoie un jeune homme qui a déplu
» à la femme - de - chambre de la femme - de-
» chambre d'une très-grande Dame : il paroît,
» par sa conduite, qu'il a de fort mauvais des-
» seins : vous le mettrez d'abord au pain & à
» l'eau pour toute nourriture, & vous le garde-
» rez huit jours : si, au bout de ce terme, vous
» ne recevez point de mes nouvelles, vous vous
» en déferez de la maniere accoutumée. J'ai
» l'honneur d'être, &c. ».

J'avois oublié de vous dire, ma chere tante, que, pour prendre la Bastille, on avoit d'abord mis le feu à l'appartement du Gouverneur, &

que la flamme s'étant répandue dans les cours, elle avoit brûlé en partie les papiers qui y étoient épars; ce qui m'empêcha de lire la signature de la lettre précédente. Il y a apparence qu'elle fut adreſſée au Gouverneur, & dictée ou écrite par un Miniſtre. Une autre que je crois être d'un Lieutenant de Police, renfermoit ces mots :

« Je fais balayer tous les matins & nettoyer
» avec grand ſoin la ville de Paris, & l'homme
» que vous remettra de ma part l'Exempt ***
(ces trois étoiles marquent le nom de l'Exempt)
» a la rage de s'y promener tous les jours avec
» des habits vieux & ſales; je lui ai fait dire
» bien des fois de ſe vêtir plus décemment : il
» m'a fait répondre que ſa mauvaiſe fortune
» ne lui permettoit pas d'avoir des habits
» plus riches. Sa mauvaiſe fortune!... Ce n'eſt
» pas là une raiſon à donner : un pauvre dans
» une grande rue eſt comme une tache d'huile
» ſur un beau meuble, & je n'aime à voir des
» taches d'huile nulle part. Vous garderez donc
» ** (ici étoit le nom du pauvre) juſqu'à ce
» qu'il ait trouvé les moyens de ſe mieux vêtir ».

La belle choſe que la propreté, s'écria l'Abbé de Cournand ! Que n'ai-je eu l'Auteur de cette lettre pour cuiſinier ! je mangerois ſes ragoûts sans défiance. En voici une autre du même qui vous fera changer d'avis, lui répondis-je; écoutez:

« On vous amenera de ma part un scélérat qui
» m'a manqué en pleine audience. Comme je lui
» crois le cerveau malade, vous lui ferez pren-
» dre médecine pour m'en débarrasser, & s'il
» n'est pas d'avis qu'on le purge, vous ordon-
» nerez qu'on lui fasse la barbe & qu'on le rase
» de très-près ».

M. le Professeur Royal est un homme à bons mots, ma chere tante. Vous avez pu le voir par quelques-unes de ses réparties. Cette derniere lettre est la plus jolie de toutes, reprit-il en souriant. Si j'eusse été pourtant à la place du prisonnier, j'aurois dit au Barbier fatal : rase la Bastille, mon ami, & laisse mon cou tel qu'il est. Il avoit cependant ramassé quelques feuilles à demi-brûlées, & il me lut à son tour les lignes suivantes tracées d'une écriture de bureau, dont la date n'existoit plus, & dont je tairai les noms, qu'il est peu nécessaire de dévoiler.

« Le sieur François-Nicolas ***, Baigneur,
» rue de Richelieu, mis à la Bastille pour avoir
» empêché brutalement M. le Comte **** de
» rendre visite à sa femme.

» Le

» Le sieur Jean-Joseph ***, Maître de Des-
» sein, rue Saint-Honoré, mis à la Bastille pour
» avoir donné l'idée d'une estampe représentant
» le Pape lardé de huit Jésuites.

» Le sieur Pierre-Simon-Louis **, Horloger,
» quai des Orfevres, mis à la Bastille pour avoir
» été atteint & convaincu de sorcellerie, &
» d'avoir eu commerce avec le diable ».

C'est le diable qui a écrit ce registre, dit M. le Professeur en le portant à son nez, & voilà pourquoi il sent le roussi : il le jetta avec indignation, & nous rejoignîmes notre compagnie, que nous avions quittée pour quelques instants; il étoit près de neuf heures du soir, & la nuit alloit commencer : M. Cailleau observa judicieusement qu'il étoit trop tard pour examiner des livres & des manuscrits, qu'il valoit mieux que MM. les Electeurs, ses confreres, revinssent le lendemain à la Bastille pour achever leur mission, & qu'en attendant, il falloit profiter du temps qui restoit pour visiter l'intérieur du château. Cette motion qui flattoit la curiosité générale, fut généralement adoptée par l'assemblée des curieux, & passa sans le moindre amendement.

B

Mais à ces mots d'*amendement*.
Et de *motion*, dans votre ame.
S'éleve un long étonnement :
Ils vous embarraffent, Madame,
Ces mots, de fons inattendus,
Frappent l'oreille du vulgaire :
Dans les tablettes de Vénus,
Je crois qu'ils ne fe trouvent guere.
Faut-il être furpris qu'ils vous foient inconnus ?
Ces mots que n'a point mis Reftaut dans fa Grammaire,
Qu'oublia Richelet, dans fon Dictionnaire,
Et dont ne parle point Monfieur de Vaugelas,
Meffieurs les Députés en font un noble ufage,
Et dans la falle des Etats,
Ces mots brifent avec fracas
Les chaînes de notre efclavage.
La liberté fort du tombeau ;
Elle vient nous couvrir de fes brillantes aîles.
Il faut un langage nouveau,
Pour exprimer des loix nouvelles.

Un vieux Invalide nous conduifit alors par la petite porte d'une des huit tours, & montant avec lui l'un après l'autre un petit efcalier circulaire & étroit, nous entrâmes bientôt pêle-mêle dans les chambres des Prifonniers, que MM. les affiégeants avoient eu l'impoliteffe de ne pas refermer, après en avoir fait fortir les miniftérielles victimes. Quel fentiment nous éprouvâmes en voyant de près, en touchant même avec la main ces énormes verroux qui font aux portes, & ces triples rangs de barreaux qui fe croifent fur les fenêtres! Ici commencerent des exclamations, dont je ne pourrai vous donner qu'une légere idée. Quelle horreur, difoit l'un, d'enfermer d'honnétes gens dans de pareils tombeaux! Quelle abomination, difoit l'autre! C'eft les enfevelir vivants; — c'eft les affaffiner; c'eft les poignarder. — M. du Saulx parut feul n'être point indigné. Armant tout-à-coup fes levres de ce fourire de la vertu qui fait pâlir les tyrans, quel jour doux pénetre, difoit-il, à travers ces jaloufies! Le joli boudoir que voilà! Le charmant cabinet que voici! Et qu'on devoit fe plaire à la Baftille, y étant fi agréablement logé! Que je la plains, cette pauvre Baftille! Qu'on a tort de vouloir la mettre à bas! Et que nous devrions bien, Meffieurs, demander fa grace à MM. du Comité (1) permanent! Ce ton goguenard formoit un contrafte fi plaifant avec les énergiques plaintes des autres voyageurs; ce mélange continuel d'ironie piquante & de patriotique fureur frappa mes oreilles, d'un concert fi nouveau pour elles,

―――――――――――

(1) C'eft le nom qu'a d'abord porté le Comité de l'Hôtel de Ville.

& si imprévu, que je ne pus m'empêcher de rire scandaleusement dans le séjour des larmes & de la douleur. Ce rire ne fut point partagé par M. le Professeur, qui perdit, en ce moment, toute sa gaieté, & qui me prenant par le bras, & m'arrêtant devant une porte d'environ trois pieds d'épaisseur, me dit avec un air funeste & concentré : je crois y voir la fameuse inscription que le Dante a mise sur celle de son Enfer : *Lanate ogni speranza voich'intraste,* & que M. de Chabanon a traduite par ce vers heureux :

« Sur le seuil, en entrant, déposez l'espérance ».

Quelle folle vision, s'écria vivement M. du Saulx ! C'est ici, je pense, que fut hébergé un fameux Maréchal qui n'est plus : il s'y trouva si heureux toutes les fois qu'on voulut bien l'y recevoir, qu'il fit écrire sur la porte, en gros caracteres, que je crois encore y démêler, Hôtel de Richelieu. Cette saillie prononcée d'une voix sonore, qui circula à travers les sinuosités de l'escalier, & que prolongerent & grossirent les flancs caverneux des cachots entr'ouverts; cette saillie, dis-je, dérida tous les fronts, éclaircit tous les visages ; & achevant de monter gaiement au sommet de la tour, nous fûmes bientôt fur la terraffe dont on avoit déjà démoli les parapets & une partie des creneaux. Vous venez, ma chere tante, de voir la fcene de l'indignation ; que ne puis-je à préfent vous faire affifter à celle de l'enthoufiafme ! Nos pieds avoient à peine touché cette plate-forme redoutable, qui alloit bientôt ne plus être debout, & d'où l'avant-veille on avoit vu la mort s'élancer de la bouche du canon, que faifis tous à la fois d'un faint tranfport, nous nous écriâmes : *liberté !* M. du Saulx ramaffa le premier, une pierre des décombres, & la jettant loin de lui dans les foffés, il s'écria de nouveau : *liberté !* Cet exemple fut imité univerfellement ; nous lançâmes tous une pierre, en répétant, *liberté !* Et fiers d'avoir contribué à la démolition de la Baftille, nous nous regardâmes bonnement comme les reftaurateurs & les fondateurs de la *liberté.* Vous le dirai-je enfin, ma chere tante? il m'échappa une efpece de chant lyrique, en l'honneur de cette Déeffe, que j'ofai réciter avec l'air infpiré, & me croyant de bonne foi fur le Parnaffe pour la premiere fois de ma vie, je ne reffemblai pas mal au Dieu que je ne ceffe de courtifer. Le voici, quoiqu'il ne mérite guere d'être lu : vous pourriez feule l'embellir, en le jouant fur votre guitare. M. Cailleau me le demanda pour l'*Almanach des Graces*, dont il est le Rédacteur. Mettez-le dans votre Almanach, & le vœu de M. Cailleau sera accompli.

O Liberté ! noble Déesse,
Qui fait le bonheur des mortels,
Toi que jadis Rome & la Grece
Placerent sur les saints Autels,
Des Cieux te voilà descendue,
Et tous nos malheurs vont finir.
Qu'il est doux, lorsqu'on t'a perdue,
De pouvoir te reconquérir !

Ce n'est pas toujours sans orages
Que le Pilote arrive au port.
Plus d'une fois, dans ses naufrages,
De près il apperçut la mort.
Tout Peuple amoureux de tes charmes,
Doit courir le même danger,
Et baigner de sang & de larmes
La main qui vient le protéger.

Mais lorsqu'une fois de tes palmes,
Tu couvres son front glorieux,
Quels soleils paisibles & calmes
Se levent pour lui dans les Cieux !
Toutes ses heures sont filées
Par l'essain des ris enchanteurs,
Et les neuf Muses exilées,
Reviennent essuyer ses pleurs.

Telle est, ô Liberté céleste !
Le bienfait qui nous vient de toi :
Libres d'un joug triste & funeste,
Nous n'obéirons qu'à ta Loi.
Le Juste n'aura plus à craindre
Ni les tyrans, ni les bourreaux ;
Et la vertu, sans se contraindre,
S'ouvrira des sentiers nouveaux.

Regne à jamais sur ma Patrie,
Idole des cœurs généreux !
A notre ame jadis flétrie,
Redonne un essor vigoureux.
L'âge d'or commence à renaître :
Le Despotisme est abattu,
Et l'homme enfin n'aura pour Maître
Que le Génie ou la Vertu.

Vous auriez peut-être voulu, ma chere tante, que sur un sujet aussi magnifique, je composasse une Ode ou un Hymne, au lieu d'une foible chanson ; mais je respecte les hymnes infiniment, sur-tout ceux du Bréviaire, & je n'en fais plus depuis que j'ai quitté le petit collet. Quant aux Odes, je les respecte encore davantage ; car jamais je n'en lis aucune, & je leur dis à toutes ce qu'une femme d'esprit disoit à une sonate : *Sonate, que me veux-tu ?* Vous auriez au moins desiré que ma chanson fût moins négligée, & que je l'eusse travaillée avec plus de soin ; mais est-ce que je travaille ? Je griffonne, & c'eſt bien aſſez.

Je crois vous avoir laiſſée ſur la terraſſe de la Baſtille ; revenez-y avec nous, ma chere tante, & après nous y avoir ſuivis dans notre promenade, voyez-nous deſcendre par une autre tour encore l'un après l'autre, toujours précédés par notre vieux Invalide, & deſcendre juſques dans les cachots. Un autre Invalide nous y attendoit un flambeau à la main. Je brûlois d'impatience d'y pénétrer, & quand je vis ces demeures affreuſes, où la lumiere du jour entroit à peine par un étroit ſoupirail, vous le dirai-je ?

 Je crus, pour cette fois, être dans les Enfers,
 Je crus voir des ſpectres livides,
 Entendre le bruit de leurs fers,
 Et ſous ces voûtes homicides,
  A mon eſprit ſoudain furent offerts
Des malheureux damnés, les ſupplices divers.

Frappé d'abord par des caracteres que j'apperçus aſſez diſtinctement tracés au milieu d'un mur, je m'approchai & je lus les vers ſuivants, que je n'ai eu garde d'oublier :

 Ixion, Siſiphe, Tantale,
 Vous que dans ſa juſte fureur
 Força l'ordre d'un Dieu vengeur
 D'habiter la rive infernale,

Pourquoi toujours vous défoler
Et pouffer des cris lamentables ?
Vous feriez bien plus miférables,
S'il vous eût fait embaftiller.

Un prifonnier avoit fans doute compofé cette infcription douloureufe & terrible, & je n'en doutai plus, lorfque le vieux Invalide me l'eut affuré. Quant aux clameurs que je croyois entendre & aux fpectres que je croyois voir, ils n'exiftoient que dans mon imagination rembrunie. Le Mardi, jour de la prife de la Baftille, les captifs avoient pris la volée, & tous les oifeaux étoient dénichés. Mais que de chofes j'appris par le vieux Invalide qui nous conduifoit ! Les cheveux m'en dreffent encore à la tête. Il me dit qu'il y avoit des efpeces d'armoires pratiquées dans les murs de ces cachots ; que là on faifoit entrer de certains prifonniers privilégiés, qu'on leur donnoit du pain feulement pour huit jours, & que, ce terme expiré, ils étoient obligés, pour vivre, de fe nourrir de leur propre chair, de fe manger les poings, de fe ronger les bras & de mourir dans le défefpoir. Notre conducteur m'ouvrit une de ces armoires fépulcrales, où j'entrevis, à la lueur de fon pâle flambeau, un squelette horrible qu'on y avoit laissé dessécher, & dont les ossements, blanchis, me firent reculer d'effroi.... Pardon, ma chere tante, si je vous effraie moi-même par des images aussi terribles : votre cœur frémit, vos larmes coulent, mon voyage vous tombe des mains.... Pardon, & mille fois pardon ! j'avois eu le projet, en commençant cet écrit, de rendre le despotisme odieux en le rendant ridicule; & je vous dirois, si j'étois un sage de la Grece, que le rire d'un Sage, que celui de M. Dusaulx, par exemple, est mille fois plus éloquent & plus formidable que son courroux; mais l'indignation m'a emporté, & j'ai oublié, un moment que j'écrivois à une femme sensible dont j'aurois dû ménager les organes délicats. Il est temps que je répare ma faute, & que, pour guérir votre imagination alarmée, je la repose enfin sur des peintures moins lugubres, & que mes derniers tableaux vous fassent, s'il se peut, oublier les premiers.

Je ne suis qu'un voyageur, ma chere tante, & je n'ai pas dû vous raconter en Historien la prise de la Bastille. D'ailleurs, je ne l'aurois pas pu : elle a donné lieu relativement aux détails, à tant de versions qui se contredisent, qu'il est difficile de démêler la vérité. Les grands événements historiques ressemblent à ces perspectives qu'il faut voir d'un peu loin pour en saisir les proportions & en décrire tous les détails. Peut-être sommes-nous trop près de la révolution pour la peindre. Que des plumes plus exercées & plus habiles que la mienne, se chargent de ce soin important. Le Cousin Jacques en a donné une relation que je crois exacte, & je vous l'envoie pour vous instruire de tout. Lorsque les trois Ordres se sont réunis aux Etats-Généraux, il avoit déjà dit qu'ils *ne faisoient plus que trois têtes dans un bonnet.* Ces plaisanteries lunatiques sont exclues du *précis* du Cousin Jacques, & le Courier des Planetes est devenu le Secretaire de Clio.

Les faits qui me restent à raconter, ne sont pas dans ce *Précis*, & vous ne serez sûrement pas fâchée de les apprendre. Quand je fus sorti des ténébreux cachots avec l'intéressante compagnie qui avoit bien voulu m'y conduire, & que je fus remonté dans la grande cour, je la trouvai remplie de curieux qui étoient venus, ainsi que nous, interroger les témoins oculaires, c'est-à-dire, les Soldats & les autres assiégeants qui étoient encore là en assez grand nombre ; l'Abbé de Cournand, l'Abbé Brizard & moi nous nous féparâmes, & nous errions de grouppe en grouppe pour les interroger à notre tour, lorſque M. Dufaulx nous appellant chacun par notre nom, & nous réuniſſant autour de lui, nous fit cette petite harangue : Meſſieurs, l'hôtel où nous ſommes eſt charmant ; c'eſt une demeure enchantée, un domicile délicieux. Tout agréable qu'il eſt cependant, je ne voudrois pas y coucher, & je ne crois pas non plus que vous ayez cette fantaiſie. Un logement ſi commode & ſi magnifique eſt peu fait pour des hommes tels que nous. Celui-ci, vous le ſavez, ne s'eſt preſque jamais r'ouvert pour les perſonnes qu'on y a renfermées, & quoique les ponts-levis ſoient baiſſés, & qu'il n'y ait plus rien à craindre, je crains toujours que quelque honnête Alguazil ne nous faſſe la politeſſe de nous y offrir à ſouper. Il vaut mieux que nous allions ſouper chez nous : ainſi délogeons au plus vîte. Mais nous avons, lui dis-je, tant de demandes à faire, tant de réponſes à entendre ! — Eh ! qui vous empêchera de les faire dans le voiſinage ? Vous y ſerez moins bien qu'ici. D'aimables échos n'y répéteront pas vos doléances ; vous n'y aurez pas le pompeux & rare ſpectacle de ces chaînes, de ces creneaux : mais faut-il donc toujours ſonger aux agréments de la vie ? Suivez-moi, je vous en conjure, & venez satisfaire hors d'ici votre impatiente & avide curiosité.

>Ce discours, à ne point mentir,
>N'étoit point une baliverne.
>Le lion venoit de mourir ;
>Mais nous étions dans sa caverne.

Nous prîmes nos jambes à notre cou, & nous suivîmes promptement M. Dusaulx, qui, à peine hors de la Bastille, se retourna, en disant : Messieurs, lorsqu'on quitte un séjour agréable, on se retourne ordinairement pour le regarder & pour lui faire ses adieux : nous l'imitâmes en riant, & nous contemplâmes pour la derniere fois le superbe édifice de Hugues Aubriot (3): nous le saluâmes (soit dit entre nous) avec une très-grande irrévérence, & comme la foule abondoit devant cette premiere grille, à peine eûmes-nous fait quelques pas, que je perdis de vue mes compagnons de voyage, & que je restai seul au milieu d'un monde que je ne connoissois pas.

Je ne tardai pas à y rencontrer le Chevalier de Manville, jeune homme distingué par son courage, & qui, ayant été mis injustement à la Bastille cinq ans auparavant, n'en étoit sorti que depuis environ six mois. Les fenêtres de la prifon font ornées, comme je l'ai dit, de groffes barres de fer, qui fe croifent les unes fur les autres. Le Chevalier de Manville, à force de travail, en avoit coupé une avec une mauvaife lame de couteau qui lui fervoit de fcie, & il tenoit cette barre à la main en guife de badine. Eh quoi! m'écriai-je un peu furpris de le trouver là? eft-ce que vous venez renouveller connoiffance avec votre ancienne demeure? & ce lieu a-t-il eu tant de charmes pour vous, que, durant quatre ans & demi, vous n'ayez pas eu le temps de les épuifer? Je venois, me répondit-il, pour y combattre les ennemis de la Patrie, & fur-tout pour y fauver la vie à mon ami. Le fort a fait choix d'un autre que moi mille autres que moi ont eu l'honneur de combattre & de vaincre, & je me confole comme *Pedarete* (4), heureux que dans Lacédémone il y ait eu tant de gens plus braves que moi.

Ce difcours, lui dis-je, eft modefte:
Mais je ne l'entends qu'à demi;
Daignez donc m'apprendre le refte,
Et fur-tout quel eft cet ami.

C'eft M. de Lofme, Major de la Baftille, ajouta-t-il en répandant quelques larmes, peu femblable au perfide Gouverneur, qui, durant les quatre années & demie de ma détention, a fait tout ce qu'il a pû pour appefantir mes chaînes; M. de Lofme les a adoucies ; M. de Lofme m'a témoigné l'intérêt le plus tendre, m'a prodigué les foins les plus délicats, & ne croyez pas que fon active bienfaifance fût concentrée fur une feule perfonne : elle s'étendoit à tous les malheureux habitants de cet infâme repaire, & il n'y avoit pas un de nous qui ne le regardât comme fon pere & fon ami. M. de Lofme enfin étoit auffi humain, auffi fenfible, auffi généreux que le Gouverneur étoit intéreffé & barbare. Ayant fçu avant-hier qu'on faifoit le fiege de la Baftille, je m'arme auffi-tôt de toutes pieces ; je prends entr'autres ce barreau, voulant que l'inftrument de ma détention pût fervir à ma vengeance. J'accours pour contribuer comme Citoyen à la deftruction de cet horrible château, & fur-tout pour fauver la vie à M. de Lofme, qui étoit dans le plus grand danger. Hélas ! il n'étoit plus temps. A peine arrivé fur cette place, j'apprends que la Baftille eft prife, & que M. de Lofme a été tué. Le Peuple eft jufte, lui repliquai-je, mais il eft aveugle, & fur-tout un jour de combat : il aura fans doute confondu M. de Lofme avec les coupables. S'il avoit connu fes vertus, le Peuple l'auroit refpecté. Vous devinez, reprit M. le Chevalier de Manville. M. de Losme a péri au fort de la mêlée, & déjà il est regretté par quelques assiégeants instruits de ses rares qualités. Savez-vous cependant ce qui me rend sa perte encore plus sensible, & ce qui ajoute à mon affliction ? Un de mes compagnons d'infortune, le Marquis de Pelleport, qui connoissoit ainsi que moi l'excellent cœur de M. de Losme, puisque nous avons été à la Bastille à-peu-près aussi long-temps l'un que l'autre, & durant le même temps ; M. de Pelleport, dis-je, ayant sçu plutôt que moi la nouvelle du siege mémorable, il a couru, il a volé brûlant du même enthousiasme & méditant les même desseins ; il s'est mêlé parmi les assiégeants, & affrontant le canon de l'ennemi, les baïonnettes & la mousqueterie, il a cherché par-tout M. de Losme, l'a trouvé enfin, lui a fait un rempart de son corps, l'a défendu pendant une demi-heure avec une intrépidité admirable, & en criant de tous côtés & de toute sa force : mes chers Concitoyens, mes amis, mes amis, respectez M. de Losme : il n'est point coupable ; il n'est point votre ennemi ; il eût épargné votre vie, épargnez la sienne..... Cris impuissants ! vaines clameurs ! M. de Pelleport n'ayant pas pu sauver M. de Losme, est tombé lui-même nageant

dans

dans son sang & couvert de blessures qu'il a reçues pour défendre son ami. On l'a transporté chez lui après le siege. Je venois ici pour apprendre de nouveaux détails sur cette malheureuse aventure : il se fait tard, & je vais rejoindre M. de Pelleport : ses blessures ne sont pas mortelles : je lui ai fait donner tous les secours qui ont dépendu de moi, & j'espere qu'il en reviendra; n'ayant pu empêcher la mort de l'un, je veux au moins prolonger la vie de l'autre.

Le Chevalier de Manville s'éloigna à ces mots; mais je ne le quittai point. Je voulus aller avec lui rendre hommage au héros de l'amitié, & nous arrivâmes chez ce dernier en peu de minutes. M. de Manville me raconta en chemin de nouveaux traits de bravoure qui m'enchanterent. Je ne vous en citerai que deux, parce que deux femmes en sont les acteurs, & que vous aimez à entendre tout ce qui peut augmenter la gloire de votre sexe. Croiriez-vous, me dit-il, qu'on a vu une jolie femme mêlée parmi les Soldats se distinguer au siege de la Bastille ? Elle voit son amant prêt à partir pour cette périlleuse expédition ; elle le serre dans ses bras, veut le retenir auprès d'elle pour lui épargner la mort. Le jeune homme se débarrasse de ces

C

liens adorés, s'arme d'un fufil, de deux piftolets, d'une épée.... Tu voles à la gloire malgré moi, dit la Parifienne intrépide. Eh bien! ne crois pas y aller fans moi ; je veux mourir ou vaincre à tes côtés. Elle quitte, à ces mots, les habits de fon fexe, fe déguife en homme, s'arme à fon tour, va combattre, participe à la victoire par fes exploits, & revient couverte de lauriers & d'honorables bleffures. Une autre, ajouta le Chevalier de Manville, & celle-ci étoit une mere de famille qui avoit à fe plaindre de fon fils ; une autre demande, immédiatement après le combat, à fe tranfporter fur le champ de bataille : on la refufe ; elle infifte : on cede enfin à fes vœux : elle entre dans l'enceinte funebre ; elle y voit plufieurs corps privés de la vie, les examine avec attention, n'y reconnoît point fon fils, & dit en fortant ces mots remarquables, & auxquels je ne change rien : j'aimerois bien mieux qu'il fût là mourant pour la Patrie, que de le fçavoir un mauvais fujet fur le pavé de Paris. Que de grandeur d'ame & de patriotifme il y a dans cette réflexion ! Ne vous rappelle-t-elle pas, ma chere tante, la belle réponfe de cette fameufe Spartiate qui apprenant que fes cinq fils étoient morts dans un glorieux combat, s'écria sans verser une larme : *la victoire est à nous ; allons au Temple, & rendons graces aux Dieux* (5).

Ces beaux traits vous ravissent, ma chere tante, & des larmes plus douces effacent le long de vos joues de rose les larmes cruelles que je vous ai fait verser. Ces traits racontés avec chaleur & enthousiasme, produisirent sur moi le même effet, & mes yeux étoient encore humides, lorsque nous entrâmes dans l'appartement de M. de Pelleport. Il étoit au lit : on venoit de le saigner plusieurs fois : je m'en approchai avec une sorte de tressaillement respectueux : je le félicitai sur son héroïsme : il reçut mes compliments avec modestie, avec sensibilité, m'assura qu'il alloit au mieux, & qu'il espéroit ne pas mourir de ses blessures, puisqu'il ne l'étoit pas de sa douleur. Je rentrai chez moi en formant des vœux pour ce brave Militaire. Mais il me semble que cette lettre est déjà bien longue, & que cependant je n'ai pas tout dit : je l'ai intitulée, *Voyage*, & j'y ai fait une omission considérable, celle dont je dois être le plus honteux. Expliquons-nous.

Un beau fleuve à barbe limonneuse apparoît dans le Voyage de Chapelle & de Bachaumont. M. de Pompignan (*) dans le sien évoque l'ombre d'un vieux Druide, & je n'ai évoqué celle de personne. Il est pourtant certain qu'un Voyage en vers & en prose ne sçauroit se passer d'apparition, & qu'elle y est aussi nécessaire qu'une descente aux Enfers dans un Poëme Epique. Ne vous hâtez donc pas de chanter victoire ; vous n'en serez pas quitte pour avoir essuyé la bordée de mes grands & petits vers. Je connois le respect dû aux regles de l'Art, & la peur de vous ennuyer ne m'y rendra point infidele.

Curieux de sçavoir tout ce qui concernoit la Bastille, j'y retournai le lendemain à-peu-près à la même heure. Je ne pus y entrer cette fois. Plus d'Electeurs, plus de M. du Saulx qui vînt m'y conduire, & rodant tout autour comme un nigaud qui baye aux Corneilles, je m'arrêtai enfin devant la porte d'un Perruquier dont la boutique avoisinoit les murs de la prison. Il étoit sur le seuil, entouré de plusieurs personnes qui l'écoutoient sans dire un mot : je me glissai parmi elles & l'écoutai à mon

---

(*) Voyage de Languedoc & de Provence.

tour. Cet honnête Perruquier avoit recueilli dans sa maison un vénérable vieillard, Prisonnier de la Bastille depuis trente années, & il répondoit avec une éloquence un peu verbeuse à toutes les questions qu'on lui avoit faites sur cette malheureuse & respectable victime du pouvoir arbitraire. Après l'avoir laissé parler quelques instants, je l'interrogeai moi-même, & ses récits augmenterent tellement le desir que j'avois de voir son nouvel hôte, que je le priai sur l'heure de me procurer ce plaisir : il y consentit sans beaucoup de peine, & me fit monter dans une chambre meublée proprement, où je contemplai bientôt le prisonnier assis dans un grand fauteuil, & tenant une petite chaîne au bout de laquelle étoit attachée une souris qui grignotoit familiérement des particules de sucre dans sa main. Il faut que j'aie soin d'elle, disoit-il, au moment où j'entrai : elle a été ma seule compagne, mon unique société durant les quinze dernieres années de ma détention : elle m'a tenu lieu de parents & d'amis : il est juste que je la récompense de son assiduité auprès de moi, & sur-tout de sa vigilance. Croiriez-vous, ajouta-t-il, qu'elle attendoit toujours pour dormir que je fusse éveillé? Croiriez-vous qu'elle faisoit la garde pendant mon sommeil, de peur de quelque surprise, & que bien des fois elle m'a gratté l'oreille avec ses petites pattes, pour m'avertir de quelque danger? Elle étoit ma sentinelle au-dedans : j'en avois au-dehors de si redoutables!

Ces paroles prononcées d'une voix qui cherchoit à ne pas effrayer, & qui cependant avoit quelque chose d'imposant & de lamentable, m'inspirerent une sorte de respect religieux: sentiment qu'excite toujours le malheur; & trompé d'abord par l'apparence, & sur-tout par la petite souris,

> Je crus voir ce fameux Baron
> Qui, par l'ordre d'un grand Monarque,
> Du pâle & terrible Caron
> Faillit souvent passer la barque,
> Que dans le Fort de Magdebourg
> On força de couler sa vie,
> Mourant de faim, privé du jour,
> En proie à l'affreuse insomnie,
> Et dont l'Histoire un peu vieillie
> Par un Auteur plein de génie,
> Vient d'être, dit-on, rajeunie
> Sur un Théâtre du Fauxbourg.

Le Trenck de la France avoit à-peu-près les mêmes traits que celui de l'Allemagne, une grande taille pleine de majesté, une grande barbe qui descendoit jusques à sa ceinture, un grand front dégarni de cheveux, de grands yeux qui paroissoient ne s'ouvrir qu'avec peine à la lumiere, & ce qui le rendoit plus grand que tout le reste, c'étoit son infortune qu'il avoit supportée durant trente années sans se plaindre, & qui en avoit fait un géant dont mes foibles regards pouvoient à peine mesurer la hauteur. Cette infortune avoit donné à tout son visage une expression farouche & fiere, que la jouissance d'une liberté inattendue n'avoit encore pu adoucir : elle avoit fait contracter aux muscles de ses levres décolorées l'habitude de la défiance & de la douleur, & n'y laissoit que peu de place au sourire de la reconnoissance. Il me parut néanmoins très-sensible aux soins que lui rendoient la femme & les enfants du Perruquier. Ces soins & l'espece d'étourdissement qu'il avoit éprouvé en passant de l'atmosphere empestée des cachots dans l'air vivifiant & animé de la Capitale, l'avoient empêché jusques à ce moment de faire des questions sur tout ce qui s'offroit à sa vue : il me considéra durant quelques minutes avec attention, & me jugeant sans doute capable de lui répondre, il me demanda aussi-tôt :

  Si Louis exiſtoit encore,
Non celui qu'en ce jour au Trône j'aime à voir,
Et qui voulant combler nos vœux (6) & notre eſpoir,
Eſt venu viſiter un Peuple qui l'adore ;
  Mais Louis Quinzieme du nom,
Qui ſe montra d'abord ami de la Juſtice,
  Et qui, par le bras de Maurice,
Aux Champs de Fontenoi fit trembler Albion.
Ce Louis qui d'abord prodigua ſa tendreſſe
  A la pieuſe Lezinska,
  Et puis leſtement s'en moqua
  En prenant cinq ou ſix Maîtreſſes,
  Qui fut eſclave tour à tour
  De ſes Valets, de ſes Miniſtres,
  Et dans les bras de Pompadour
Se conſoloit gaiment de leurs projets finiſtres.
Il s'informa de moi ſi le Saint-Florentin,
Qui des François long-temps a réglé le deſtin,
Si ce tyran honni même dans ſa famille,
  Du Peuple, ennemi déloyal,
  Rempliſſoit toujours la Baſtille
  Et vuidoit le Tréſor Royal.

Je lui répondis que Louis XV, Madame de Pompadour & M. de Saint-Florentin étoient morts depuis long-temps, que Louis XVI avoit accordé à ſes Peuples le grand bienfait des Etats-Généraux , celui de la liberté de la Preſſe, qu'aucun Miniſtre n'oſoit plus donner des Lettres de cachet, que l'Assemblée Nationale s'occupoit à faire des Loix sages & une Constitution d'où devoient résulter à jamais la gloire & le bonheur de la France, que la Bastille, vainement assiégée par des armées formidables & les plus habiles Généraux, venoit d'être prise en deux heures par les Clercs de la Basoche & quelques braves Bourgeois, & qu'il devoit sa liberté à cette espece de miracle. Je lui dis enfin tout ce que vous sçavez, ma chere tante, & qu'il seroit inutile de vous répéter. Surpris & ébloui par ces réponses précipitées autant qu'il venoit de l'être par les jets brillants de lumière qui avoient assailli ses yeux, il se recueillit un moment comme pour savourer en silence ces délicieuses nouvelles, & ne le rompit qu'en s'écriant avec des larmes de joie:

>Ah! que le Ciel en soit loué!
>Dans cette prison exécrable
>Où je fus trente ans écroué,
>Où trente ans je fus misérable,
>Chargés de barbares liens,
>Mes honnêtes Concitoyens
>N'iront plus s'abreuver de larmes,
>Et le jour est enfin venu
>Où le . . . .

Le bruit d'un carroſſe qui ſe fit entendre, ſuſpendit en cet endroit le diſcours du priſonnier. Quel dommage ! Le fleuve de MM. Chapelle & Bachaumont, voulant expliquer le flux & reflux, épuiſa preſque dans ſa longue tirade les rimes en *ra*, & mon vieillard eût peut-être coulé à fond le Dictionnaire de Richelet; rien n'eût manqué à mon poëtico-proſaïque récit, & j'aurois tout lieu de me croire le phénix des rimeurs voyageant. Maudit carroſſe ! que venoit-il faire là ? Il venoit, ma chere tante, querir le priſonnier, qui me fut enlevé ſur le champ par une Dame & un Monſieur que je ne connoiſſois pas, & dont l'empreſſement annonçoit que l'infortuné étoit leur proche parent ou leur ancien ami. Ils l'emmenerent je ne ſais où, & rentrant chez moi chaud encore ou plutôt brûlant de tout ce que j'avois entendu, je ne pus m'empêcher de griffonner un grand poëme en grands vers Alexandrins, que j'intitulai pompeuſement : *le Siege de la Baſtille*. Ces grands vers ſont vos petits neveux, & votre indulgence pour toute la famille me fait croire que vous les recevriez avec bonté : il ſera plus poli de vous en faire grace, & d'ailleurs je les crois peu dignes de paroître devant vous. Au lieu de perdre mon temps à cette compoſition prématurée, j'aurois dû travailler avec plus de foin à l'éducation de leurs petits freres, & régler fur-tout l'effor de leurs metres inégaux. Puiffent-ils, malgré leurs incorrections, vous convaincre, ma chere tante, de la tendreffe refpectueufe avec laquelle je fuis,

Votre, &c.

NOTES.

(1) CE Prix a été partagé par M. l'Evêque, Auteur de l'Hiftoire de Ruffie, de la France, fous les cinq Valois, & de plufieurs autres Ouvrages. J'ai connu M. l'Abbé de Mabli, & j'ai lu plufieurs fois tout ce qui eft forti de fa plume républicaine & hardie. Graces aux deux tableaux qu'en ont tracés MM. l'Evêque & Brizard, fa phyfionomie eft parfaite, les traits qui manquent à l'un fe trouvent dans l'autre, & il en réfulte un enfemble qu'on ne peut s'empêcher d'admirer.

(2) Ces Manufcrits font tombés en bonnes mains. M. le Comte de Mirabeau a déjà prouvé qu'il fçavoit écrire l'Hiftoire, & l'ufage qu'il en fera tournera fans doute au profit de la fociété. Mais combien d'autres papiers infiniment précieux peuvent être égarés, perdus ou devenus la proie des barbares! M. l'Abbé Brizard, dans une adreffe qu'il a envoyée à tous les Diftricts, cite à ce fujet une anecdote qu'il eft bon de répéter : j'ai rencontré, dit-il, un jeune homme d'environ treize à quatorze ans, qui étoit à la porte d'un cabinet où il y avoit encore un amas de papiers imprimés. Il me dit en préfence de M. Dufaulx, de M. le Chevalier de Cubieres & autres perfonnes qui peuvent l'attefter, qu'il avoit vu, la veille, un manufcrit bien curieux entre les mains d'un *Monfieur*, que ce manufcrit formoit un volume, qu'il en avoit lu le titre & l'avoit bien retenu: le voici tel que

le jeune homme me l'a dicté: *instruction & procès sur la conjuration formée par Marie de Médicis contre Henri IV*. J'étois préfent en effet, lorfque le jeune homme dicta ce titre à M. l'Abbé Brizard. J'attefterai le fait, & ce n'eft pas tout : je me joins à l'Abbé Brizard pour inviter, au nom de la Patrie & au nom de Henri IV, le Citoyen entre les mains duquel eft tombé ce précieux manufcrit, d'en faire part au Public. Que de doutes il peut éclaircir! Quel grand problême il peut réfoudre! Le bruit a d'abord couru que, dans cet immenfe & redoutable dépôt des fecrets de la Monarchie, on avoit trouvé des pieces qui renfermoient celui du célebre Mafque de fer. Ce bruit a ceffé tout-à-coup, & l'on a même dit & l'on répete encore qu'on n'avoit rien trouvé à la Baftille de relatif à cet illuftre prifonnier. Je n'ai pas de peine à croire que le premier bruit étoit fans fondement, & que le fecond eft le précurfeur de la vérité. Le fecret du Mafque de fer eft fi important, qu'on n'a pas même ofé le confier aux triples portes & aux triples verroux de la Baftille. On me l'a révélé cependant long-temps avant la prife de cette place, & comme on ne m'a point fait jurer de n'en rien dire, & que le temps eft venu de ne plus rien diffimuler, je vais écrire ce que je fais, & l'écrire avec la franchife qui me caractérife, & dont j'ai toujours été glorieux de faire profeffion. Il fe peut d'ailleurs que le fecret qu'on m'a confié ne foit point le véritable, & que je prenne une fable pour la réalité. En ce cas, je ne fuis point coupable de menfonge, & fi l'on me fait des reproches, je les rendrai à ceux qui les ont mérités.

L'illuftre prifonnier connu fous le nom du Mafque de fer, naquit le 5 Septembre 1638 : il naquit à Saint-Germain-en-Laye, pendant le fouper de Louis XIII, &

Louis XIV fon frere, naquit, le même jour, à l'heure du dîner de ce même Roi, c'eft-à-dire, entre midi & une heure. Le Roi prévoyant que les prétentions d'un frere jumeau au Trône de la France pouvoient porter les plus grands troubles dans l'Etat & occafionner une guerre civile, cacha prudemment fa naiffance, & l'Hiftoire nous apprend les moyens qu'il employa : n'ayant qu'un fouvenir confus des faits ultérieurs relatifs à cet événement, je ne dois pas en dire davantage, de peur de me tromper dans les détails ; mais je crois fermement que voilà la vérité, & le temps apprendra à mes Lecteurs fi j'ai eu tort ou raifon de le croire.

(3) Ce fut Hugues Aubriot, Prévôt de Paris, natif de Dijon, qui pofa la premiere pierre de la Baftille, le 22 Avril 1370 ; & ce qui prouve qu'il y a une juftice diftributive qui gouverne l'Univers, ce même Hugues Aubriot finit par y être renfermé. Elle fut conftruite par l'ordre de Charles V, furnommé le Sage, qui efpéroit qu'elle le mettroit à couvert des incurfions du Duc de Bourgogne : elle fervit de dépôt aux fucceffeurs de ce Monarque, & c'eft là que le bon Henri IV faifoit garder fon Tréfor Royal. Le Duc de Guife, dans nos dernieres guerres civiles, s'étant rendu maître de ce Château, y plaça pour Commandant *Buffi le Clerc*, Procureur, Miniftre tyrannique d'un Sujet rebelle. Ce vil fatellite y fit conduire avec opprobre les Confeillers & Préfidents du Parlement, & leur fit effuyer le traitement le plus horrible. La Baftille, depuis cette époque, a fervi à renfermer des Prifonniers d'Etat & des Gens de Lettres fufpectés de Philofophie. Elle eft compofée de huit énormes tours féparées par des maffifs de même dimen-

sion, & entourées de larges fossés. Un nommé *Delatude* s'en est sauvé une fois, quoiqu'il paroisse impossible d'en avoir seulement le projet : mais combien d'hommes vertueux y ont péri ! Et combien d'innocents y ont été confondus avec quelques coupables ! C'est une véritable conquête pour l'humanité que d'avoir pris la Bastille, & que de l'avoir démolie ; mais elle sera imparfaite tant qu'on laissera subsister les autres maisons de force & prisons d'Etat qu'il y a dans les Provinces. Il ne faut des cachots en France que pour les criminels, & le premier de tous les droits est la liberté individuelle. Nous serons esclaves tant que nous ne jouirons pas en entier de ce droit sacré, & que le simulacre même d'une prison d'Etat frappera la vue de l'homme.

(4) Ce Pedarete, Citoyen de Lacédémone, s'étant présenté pour être admis au Conseil des trois cents, & ayant été rejetté, s'écria : graces aux Dieux immortels, il s'est trouvé dans Sparte trois cents Citoyens qui me passent en mérite. Combien ce Pedarete n'eût-il pas envié la gloire du brave Grenadier qui a été promené en triomphe dans Paris, pour avoir, le premier, saisi & désarmé le perfide Gouverneur de la Bastille, & pour avoir essuyé tout le feu de l'ennemi ? Que ne puis-je moi-même faire passer à la postérité la plus reculée le nom de M. Elie, Officier au Régiment de la Reine, ceux de MM. Hulin, Vargnier, la Barthe, Humbert, Maillard, Richemont & de tant d'autres Citoyens courageux, qui se sont distingués dans la fameuse journée du 14 ? & que j'en veux à la foiblesse de mes talents, qui m'a empêché de célébrer dignement leurs exploits ?

(5) D'autres femmes, pendant le fiege de la Baftille, faifoient fortir leurs maris de leurs maifons, & les encourageoient en leur difant : *marche donc, lâche, marche donc ; c'eſt pour le Roi & la Patrie*. On en a vu une fe faifir du fufil de fon époux, & monter la garde à fa place pendant qu'il rifquoit fa vie avec les autres Citoyens. O Jeanne d'Arc ! ô immortelle Hachette de Beauvais ! avez-vous montré plus de grandeur d'ame, de courage & de patriotifme ?

(6) Le plus beau jour de la Monarchie Françoife eſt, fans contredit, celui où le Roi Louis XVI eſt venu à l'Hôtel de Ville de Paris prononcer ces paroles adorables : *Mon Peuple peut toujours compter fur mon amour* ; & la plus belle phrafe de la langue eſt celle que lui adreſſa le vertueux M. Bailly en lui préfentant les clefs de la Ville : Sire, j'apporte à Votre Majeſté les clefs de la bonne ville de Paris : ce font les mêmes qui ont été préfentées à Henri IV. Il avoit reconquis fon Peuple ; ici c'eſt le Peuple qui a reconquis fon Roi.

F I N.

De l'Imprimerie de L. JORRY, rue de la Huchette.

www.ingramcontent.com/pod-product-compliance
Lightning Source LLC
Chambersburg PA
CBHW070709050426
42451CB00008B/560